# 위험한 선물

시아현대시선 **023**

# 위험한 선물
김효운 시집

---

**인쇄일** | 2025년 06월 10일
**발행일** | 2025년 06월 20일

**지은이** | 김효운
**펴낸이** | 김영빈
**펴낸곳** | 도서출판 시아북(詩芽Book)

**출판등록** | 2018년 3월 30일
**주소** | 대전광역시 동구 선화로214번길 21(3F)
**전화** | (042) 254-9966
**팩스** | (042) 221-3545
**E-mail** | siab9966@daum.net

값 12,000원

ISBN 979-11-94392-33-0(03810)

---

* 저자와의 협의에 의해 인지를 생략합니다.
* 잘못된 책은 바꿔드립니다.
* 본 도서는 충청남도, 충남문화관광재단의 후원으로 발간되었습니다.

# 위험한 선물

김효운 시집

시아북

시인의 말

묻어 두기엔 안타까워 꺼내보는 것들의 목록이다.

오래도록 내 안에서 희미한 불빛으로 남아 있다 발화한 것들이다.

세상에 나가 환한 자리에 깃들기를 소망하며…

2025 초여름

김효운

■ 차례

시인의 말　　005

## 1부
## 예순 살의 누드처럼

오동잎 우산　　013
실크블라우스는 입지 않는 여자　　014
나는 섬 하나를 잃었다　　016
대상의 무게　　017
음성사서함으로 연결됩니다　　018
꽃잎으로 쓴 편지　　020
잠든 딸아이의 손을 만지며　　022
도모지의 머그샷　　023
페튜니아　　024
너일 줄 알았다　　025
복숭아뼈에 금이 갔다　　026
새로 쓰는 귀거래사　　027
괄호에 기대다　　028
노발충관　　029
회양목이 부르는 프루스트 효과　　030
도슨트가 그림을 이해하는 방식　　031
그 밤이 문제다　　032

## 2부
## 묵은 시간을 떨어내며

| | |
|---|---|
| 고파도의 봄 | 035 |
| 현역 화타 | 036 |
| 다독사蛇 | 038 |
| 하루와 일생의 알고리즘 | 040 |
| 바늘의 눈동자 | 041 |
| 콩나물의 피지컬 | 042 |
| 곰팡이 꽃 | 044 |
| 개복숭아가 도착했다 | 046 |
| 위험한 선물 | 048 |
| 한 남자와 삼십 년을 사는 이유 | 050 |
| 볼 빨간 갱년기 | 051 |
| 특별한 고객 | 052 |
| 첫눈 | 053 |
| 주석 편자 | 054 |
| 여기가 정상이라고 우겨도 되겠습니까 | 056 |
| 늪 | 057 |
| 송화 소금 오신다 | 058 |
| 붉나무의 주소 | 059 |

## 3부
## 피보다 붉은 오후

| | |
|---|---|
| 로드 인문학 | 063 |
| 목소리를 주세요 | 064 |
| 목련 나무 아래 묻어둔 기다림 | 066 |
| 머리를 하다 | 068 |
| 귀를 팝니다 | 069 |
| 잉태의 계절 | 070 |
| 명자꽃의 외출 | 071 |
| 메타버스 탑승기 | 072 |
| 토렴 바다 탄생설 | 073 |
| 룸메이트 | 074 |
| 여치는 비건이 아니다 | 076 |
| 도심에 혼자 살고 대놓고 울어요 | 077 |
| 물수제비 뜨는 오후 | 078 |
| 즐거운 잔소리 | 079 |
| 나비질의 풍경 | 080 |
| 잠깐 사이 | 081 |
| 관촉사 윤장대 | 082 |
| 더는 참을 수 없는 | 083 |

## 4부
## 백 년 후에 쓰는 반성문

다락방을 키우는 사내　087
여행에 대한 예의　088
먹다 남은 사과가 잘 팔린다　090
아포토시스적 사랑　092
가창오리떼의 라라랜드　094
내 생에 꼭 한 번　095
신두리 사구에서　096
국지성 벚꽃　098
영정사진 라라라　099
자린고비의 전생　100
개기일식　101
달빛의 본가입납本家入納　102
매화헐떡이풀　103
간출여　104
손톱의 웃음소리　106
아까시꽃그림자에 주저앉아　108
로고 라이트　109
잔점박이물범　110
등에 새겨진 일기　112

[해설]　117
몸의 시학과 시적 주체의 정위定位
윤성희(문학평론가)

# 위험한 선물

김효운 시집
Poems by Kim Hyo Woon

# 1부
## 예순 살의 누드처럼

## 오동잎 우산


마당 가 우두커니 꽃등 켜 든 오동나무
빗장뼈 사이 지붕을 품고
참새들은 나무의 몸속을 드나들며
바람을 쟁이고 있다

빗물이 들이닥치는 여름
빗장뼈를 열어 우산을 내어준다
누군가는 읽다가 목이 메었을 것 같은
꺾인 문장들이 목 울대뼈처럼 일어나
바닷물을 쓸어 당겼다가 내보내기도 하고
몇 문장은 끝나지 않는 말줄임표로 되어 있다
수많은 생각을 깊숙이 넣어두고
날마다 쓰고 있는 바람의 문장은 끝이 없다
참새들도 오동꽃을 책갈피에 꽂아두고 다시
오동나무로 돌아온다

## 실크블라우스는 입지 않는 여자

무궁무진한 놀거리를 포기하고
손톱이 까매지도록 뽕잎을 딴다
봄가을로 치루는 행사

누에는 사각사각 소리를 내며 베껴 적는다
단어장을 까맣게 베껴쓰며 다 외우면 씹어 삼키는 나처럼

층층마다 침대에서 필사에 전념하면 방안은 발포 비타민 소리로 가득하다
풍장으로 뼈만 남은 듯한 뽕잎

잠투정이 심해서 바닥은 주기적으로 갈아 주어야 하고
배고프면 잠이 안 온다는 남편처럼
잠들기 전에는 배가 두둑하게 먹여야 한다

네 벌의 허물을 벗고 네 살이 되는 이십오일 동안 반복하다
막 잠에 들 땐 빳빳이 고개를 쳐든다
집을 짓는 데는 고작 이틀 걸린다
사람들이 달변가를 명주실 뽑 듯한다고 한다
집은 고가이나 동시분양으로 완판이다

하자보수 없이 새롭게 리모델링만 해도
불티나게 팔린다
단 한 사람 그녀를 제외하고

비싼 만큼 아름답다는 실크, 솔깃하지만
그녀 생각에 손을 거둔다
뽕나무집 딸은 내 친구다

## 나는 섬 하나를 잃었다

몸을 얻지 못한 바람은
섬 주위를 돌며 헤매는 중이다

문장이 되지 않는 거품 같은 생각이
물 위에 나뭇잎으로 떠 있다가
배船의 몸짓에 양쪽으로 흩어진다
나뭇잎

쪽잠에 들다 깨어나니 섬이 사라졌다

숨찬 날것들의 하소연이 그득한 해변
사나운 목숨들의 울분도 묵묵히 받아 내는
테트라포드를 빠져나가는 바람을 바라본다
출렁이며 멀어지는 썰물처럼
완성의 순간 팽팽해진다

반가우면서도 서운한 마음
일삼아 노는 갈매기를 바라보며
가슴 쓸어내린다

## 대상의 무게

덴 적도 없는데 물집이 생겼다
은밀한 곳, 눈에 띄지 않는 곳에 진을 친다

입덧처럼 자주 졸리고
삼차 시기를 치르는 역도선수처럼 기진맥진이다

살 속에 면도날이 떠다니는
참을 수 없는 통증에 이를 앙다문다
가려운지 간지러운지 분간 못하고
기둥에 대고 벅벅 문지르는 등짝

꽃 진지도 한참 지났는데 갸우뚱하다가
전문가에게 묻는다

장려상도 과분한데 대상포진이라니
대상이 온몸에 진을 치다니

모든 통증의 이유를 두 가지로 압축하는 전문가
세상에 졌거나 시간에 졌거나

## 음성사서함으로 연결됩니다

이곳에서 그곳의 엄마를 부르고
손가락을 베였다며 병원으로 와 달라고 발을 동동 구르고,
빈집의 황조롱이와 강아지 밥을 부탁해도,
한걸음에 달려오신다

고향 집에 도착해서 꾸는 꿈과 엄마한테 들은 얘기를 구별 못 하고
뒤섞어도 고개 끄덕이시고

금자, 은자, 동자, 헷갈리게 이름 지어놓고
여섯 목숨 차례대로 부르다가 간신히 꺼내는 내 이름

새벽부터 밤까지
고스란히 몸으로 필사하시던 사랑

우리 삶은 시작도 끝도 연두색이고 사랑이어야 한다는
어머니 소설에 밤을 새운다

도플갱어인 듯 수시로 나타나 꾸짖어도 기꺼이 받아 안는다
 사랑엔 순서나 경계가 없다 하시는 엄마의 정답을 외운다

## 꽃잎으로 쓴 편지

다음 생엔 외딴 산기슭이나 허허벌판의 꽃무릇으로 태어
나고 싶다

무릎 높이로 자라
그대의 걸음걸음 기꺼이 지르 밟히겠다

눈 돌리면
우르르 지천으로 고함치고
눈 감으면
시뻘건 목소리로 자지러지겠다

가을밤 시린 달빛으로
그냥 지나칠 땐
다리를 걸어 내 쪽으로 엎어트리고
축축하게 말해 보겠다

눈길이 꽃대만 스쳐도
나는 발바닥까지 달아오르겠다

푸른 잎으로 피는 그대
내가 하늘 쪽으로 누운 것은
그대가 하늘이기 때문

다음 생에도 또 꽃무릇으로 피어나고 싶다

엇갈린 사랑은 왜 다 붉은 색깔이어야 하는가

## 잠든 딸아이의 손을 만지며

확인할 수 없는 시간이 고운 아귀와 뼈마디 속에 숨어
있다는 먹먹함
몽롱하나 분명한 내 손금 속 길들을 물려 줬어야 한다니
답답하다

어둠을 건너는 빗소리처럼 마침내 무지개 꽃이 피기를
꽃 피울 순간이 기다림에서 비롯됨을 알아차리기를

비루한 일상에 허기지고 목메는 날
껴안으면 달큰한 살냄새로 내 마음을 채우던
너의 온기를 닮은 달을 바라보며 숨을 고르고

가볍게 처신하지 말고 발밑을 살펴 읽으며
둥근달의 옹근 모습을 볼 수 있음을 기억하고
차오르는 초승달처럼 진중하게 발을 내딛기를
아름다운 날에 바치다

## 도모지*의 머그샷

축축한 종이에 햇빛이 내린다
숨을 멈추는 모든 숨구멍

밤이 시작되는 순간까지 해를 마주하고
붉은 얼굴이 창백해질 때까지
죽음이 틈새마다 그득하다

귀를 기울이는 푸른 별들 반짝이는 순간까지
얼굴은 돌아오지 않고

한 겹씩 더해지는 달빛

눈을 감아도 길이 보이고
입술을 열지 않고도 말할 수 있다고

손과 발도 내 것이 아니어서
흰 수건조차 던질 수 없다

* 조선 시대 처형당하는 사람을 묶어 놓고 물 먹인 한지를 얼굴에 겹겹이
  바르는 형식

## 페튜니아

태어날 때부터 매달렸다
세상은 원래 그런 거로 알았다
어머니, 아버지 때부터 허공에 매달려 행잉식물의 족보를
이어왔다

하늘을 발아래 두고
가끔씩 찾아든 찬탄에 숨통을 틔우면
바람이 기억을 데려오는 일상의 신비

거꾸로인지 바로인지 가르쳐 주지 않았다
똑바로 서는 법을 찾아 매달리는 중이다

나도 수시로 공중그네를 탄다

## 너일 줄 알았다

전문가 말을 믿었다

맞지 않는 일기예보처럼 오지 않아서
박수를 손에 쥔 환영객은 애가 타는데
편안하게 발장난이 한창이다
기세로는 금방이라도 벽을 뚫고 나올 듯한데

저도 갑갑했는지
온 세상 환해지는 우렁찬 첫 숨소리
기대 이상의 시작에 박수가 터진다

입도 손도 많이 가는 손님
외출하려면 내 속이 터지고
초보가 깎은 목각인형처럼 불안한 발걸음

부르지 않아도 달려오고
절절매는 바람도 번쩍 제 손에 옮겨 쥐고
큰 부름 받고 대포도 손아귀다

네가 와서 내 삶이 한결 찬란하다

## 복숭아뼈에 금이 갔다

수밀도의 달콤함은 바람의 언덕이라도 반갑다
부르기도 전에 입안 가득 고이는 설렘
살점 속에 묻어둔 뼈마디 두 개

화해 할 수 없는 시간이 남긴 상처를
감싸 주는 잔털들

복숭아 두 개 손에 쥐고
내 몸에 심어 주시면서
복사꽃으로 살아라

불거져 굽 높은 멋 내기 구두를 단념하며 원망하다가
제 자리를 지키고 있는 것만도 고맙다

내 몸에 심어 준 복숭아 두 그루
시간의 발자국에 문드러지고 단물 빠져
실연당한 여자처럼 쭈글거리는

엄마 복숭아 두 개 잘 간직했다 가져왔어요

## 새로 쓰는 귀거래사

전세 유목민이라는 흉흉한 인류가 번성 중이라는데
초원을 떠도는 양 떼처럼
변두리로, 변두리로 밀려나는 군상들

여몄다 풀 때마다 줄어드는 것이 세간살이뿐이겠는가

푸성귀 몇 가지로 전원생활 위장하고
무공해로 덮어씌운 위안을 들추며
쇠비름처럼 어느새 뚫고 나오는 오늘이라는 한숨

공기 맑고, 인심 좋다고,
도회지 생활 정떨어진다고

편리에 대한 변명이 바이러스 변종처럼 줄줄이 늘어
생전 처음 잡아보는 시뻘건 종아리들
해독할 수 없는 꿈을 베어낸다

겨울이 끝나간다고
꽃무릇 새싹이 재채기를 터뜨린다

## 괄호에 기대다

이름이 바뀐 길을 걷는다
어제도 그제도 거기 누워 있던 길인데
가로수도 낯선 얼굴이고 손가락은 하나 더 늘었다
돌멩이도 코가 오뚝해졌다

너를 나라고 바꿔 불렀더니 바람이 주저앉았다

길옆에 비켜서서 돌아보고 살펴보다가
엄습하는 길 잃은 두려움

옛 이름을 괄호에 가두고
새 이름을 어거지로 꺼낸다

나의 태명을 깜박깜박 잊는다

혼자 설 나이가 지났다

## 노발충관*

시간이 준 선물이라는 말은 당의정이다

느닷없이 솟은 흰 머리카락 한 가닥
고개 쳐들어 솟구친다
오징어 먹물이 특효라는데, 거울 앞에 선다
시위를 당기는 병사처럼 눈에 힘주고 쏙, 뽑아보면 빗나간 살이고

화가 머리끝까지 치솟고

거울 속에서 어쩌나 보겠다고 빙긋거린다

기시감에 돌아보니 어머니 같은 나
속에 가두고 천번 만번 깨부수고 싶지만
족집게를 들고 방문을 두드린다

함께 견딘 날들이 저렇게 분명한데
더불어 살기로 한다

* 머리털이 치솟아 관冠을 찌를 정도로 화를 내다.

## 회양목이 부르는 프루스트 효과*

시든 풀로 귀가하는 시간
전구에 불이 켜지듯 곤두서는 향기에 갸우뚱하다가

초봄에 맡았던 풋살구 냄새인가
나비의 날개에 묻어 있는 개복숭아 향기인가
엄마 치마폭에서 나던 열무 향도 아니고

회양목 울타리 지날 때 앞을 막아서는 향기

회초리 피해 숨어든 뒤뜰 담장 아래
날이 저물도록 눈치만 보던 저녁 무렵
애처롭게 내려다보던 초승달

달도 냄새를 맡는다는 걸 알았다

달이 자라는 중이었다
나도

* 냄새 같은 특정 자극이 있을 때 그것과 관련된 기억이나 감정이 되살아 나는 현상

## 도슨트가 그림을 이해하는 방식

그림은 남녀상열지사다
이미지를 찾는 것이 관건이지만

그림 속 남자에게도 사정이 있고
여자에게도 사연은 있다
둘의 사랑과 투쟁의 서사가 들려주는 지점에
방점을 찍는다

얼굴을 보면 피카소인데
내용도 형식도 알아듣지 못하겠다

입체도 평면도 광대뼈에 눈이 있고
뒤통수에 코가 있는
추상화는 타인의 감정이어서

사랑에도 불길에도 도슨트가 필요하다

## 그 밤이 문제다


미혹적인 것들은 가시를 품고 사는지

잡으려 할수록 사라지고 깊이 숨는 밤
담장에 가려 반쪽만 보이는 매끈한 피부
잡으려면 첫사랑처럼 미끄러지고

슬며시 손대면 암고양이처럼 손톱을 세워 할퀴고
뒤돌아서면 눈 깜짝할 사이 발밑에 툭 떨어진다

밤에 몸을 여는 내력이 있는지
아침이면 바닥에 떨어진 알몸이 즐비하다

밤 하나 툭, 안부를 묻자 화들짝 반가워
가시덤불 속으로 손 내미는 밤
타 죽을 줄 알면서 뛰어드는 나방 같은 사랑이다

밤 끝에 서 있는 밤, 같은 가을을 얼싸안으면
밤처럼 매끈한 나비잠*에 빠진 밤을 보낼 수 있을 것 같다


* 갓난아기가 두 팔을 머리 위로 벌리고 자는 잠.

# 2부
## 묵은 시간을 떨어내며

## 고파도의 봄


배를 짠물로 채우는 날이 이어지고
배가 고프다는 것인지
손길이 고프다는 것인지

밤새 손 곱은 나무들 사이로 파도 소리 울고
바다의 물비늘이 꽃을 피운다

머리 긴 부표의 해루질
돌아가라는 파도의 재촉에 함지박만 바라본다
채우는 손맛이 늪이다
밥상 앞에서 한 숟가락만 더처럼
허우적거릴수록 더 단단히 박히는 발목에
오도가도 못한다

매달려도 뿌리치는 뭍은 벽창호인 양 소식이 없고
늘어나는 목만 한 뼘 더 길어진다
밀물은 빗쟁이처럼 들이닥치고

기다림이 희망의 증거다

## 현역 화타
- 이 교수님께


낯빛만 봐도 힘의 저장 창고를 짚어 낸다
손끝이 체온계보다 정확한 눈금으로
지난밤 골목을 헤매고 다녔는지
코끼리로 지냈는지 흰뺨검둥오리였는지 꿰뚫으시고
허기와 웃음을 어미마냥 알아차리시고
혈액의 묽기까지 훤하다

말 한마디로 불안과 공포를 봄 눈 녹듯 지워내고
화통한 근육에 뻥 뚫리는 목구멍

눈 아래 그림자를 보고 달거리 소식을 읽고
어지럼증을 처방해 주신다

개미 발자국과 까마귀 날개의 각도로 강수량을 측량하고
입김으로 주무르고 비틀어
네 발로 들어왔다 두 발로 나가는 사람들 즐비하다
펄펄 끓던 이마 짚어 주면
돌 던진 호수마냥 잔잔해지고
사막에 떨어져도 낙타를 돌볼 것이고

모래로 떡을 지어 바람에게 팔아서 살아 낼 것이다

무거운 머리로 화타를 만나러 간다

# 다독사寺

누구라도 용서하는 편지를 쓰면
다음 날 환한 얼굴로 주소를 찾아가는
그런 절을 알고 있어 다행이다

찻물에서 피어나는 안개가 닦아주는 그런 절

번듯한 일주문도 사천왕도 보이지 않으며
도량석이 없어 긴 의자에 촘촘히 앉아야 하는
연이낭자*를 찾아간다

약값 하라고 쥐여 주고 간 꼬깃한 종이돈을
법문처럼 틀어쥐고 들어가
보시할 불전함이 없어 돌아 나오고

사시사철 꽃방석에 앉으신 부처님처럼
염화미소 같은 얼굴이 다가와 반갑게 품어 주며
마주치는 보살마다 호박꽃 웃음으로 반겨주는

피 흘리는 영혼을 입김 불어 솔게 하고
세상에 소문날 일 없는 구중궁궐처럼 고즈넉하여

창가에 핀 수레국화, 제라늄 빛깔로 계절을 읽고

따스하게 초록이 번지는 작설차 한 잔은
얼마나 그윽하고 향기로운지
아침에는 구름이 다독이고
저녁에는 수다가 다독이는

오늘도 나비걸음으로 다독사에 간다



\* 천안시 서북구 두정동에 소재한 카페

## 하루와 일생의 알고리즘


돌아서는 등 뒤로 한 번도 드러내 주지 않던
노을이 피었다
능소화 환한 구월 저녁도 서둘러 그림자를 지우고
산은 제자리로 돌아가 더 검푸르게 웅크린다

사랑한 만큼 하루해는 짧아
저녁 새 몇 마리 어스름을 가르며 구름 속으로 숨어들 듯
역사도 한갓 하루 일 같아
저녁놀 빛 속으로 스며든다

이번 생에 있어 연습생 인지라
애써 태연한 척
어두워져 가는 숲을 바라본다

쉬이 눈을 거둘 일 아닌 풍경 속에서
자꾸만 손가락으로 닦는 눈물이
첫차의 불빛을 기다리고 있다

## 바늘의 눈동자

성묘하고 내려오는 길
바짓가랑이에 붙어 온
도깨비바늘의 검은 눈동자

곧추세운 바늘을 꽂아 동행을 애원하며
어딘가로 흘러들어 일가를 이루고 싶었을까

땡볕 아래 품어 온 새끼들
오죽하면 낯선 몸뚱이 빌려 퍼뜨리려 했을까
이 악문 바늘을 뜯어내며 눈시울 젖어
화분에 고이 묻어 준다

아버지도 하늘 우러러 아무것도 없는 광활한 세상에
나와 다섯 목숨 심어두고 가셨다

척박한 벌판에 던져져 살아갈 어린것들의 귓구멍에
그악스러운 바람 소리 견디며
그래도 어깨를 겯고 나아가는 동행이 희망이라고
아무도 모르게 속 깊이 묻어 주셨다
버티는 것들은 여러 목숨이 있다

## 콩나물의 피지컬

기꺼이 선택한 음지는 아니지만
햇빛을 보고 파랗게 질려 버려졌다는 얘기도 있고
키가 커야 대우를 받는다기에
물만 먹고도 쑥쑥 자란다

물 마시는 순간 눈부신 세상을 맛보기도 하지만
양지를 꿈꾼 적은 없다
몸에 서린 기운으로 계절을 읽는다

숨쉬기 힘들 때나 폐소공포에 견딜 수 없을 때
마른세수를 하고 나면 한결 나아진다
동료들이 있으니 멀리 갈 수 있다고 다독인다

양지를 훔쳐보다 발가락이 생기면 끝장이다
발걸음 소리만 들어도 갈증이 풀린다
발은 물동이를 이고 온다

물만 먹고도 살이 찐다는 말을 믿는다

환한 세상이 열리고 장하다고 어르고 다독여 주니
참으면 복이 온다는 말을
믿어야 할지 머리 무겁다

## 곰팡이 꽃

어두운 곳에서 그늘을 운명으로 알고 살면 그림자도 나를 떠난다
외롭다는 말은 사치다
곰팡이 꽃을 피워야 하는 메주는
볕뉘도 무서워 어둠만 찾는다

어떻게든 문신 새기듯 몸에 꽃을 피워야 하는 소명을 받들어
못생김의 대명사로 불려도 입 다물고 참선 중이다

물 먹은 볏짚 위에 누워 곰팡이가 필 때까지 이불 뒤집어쓰고 기다린다
기겁하며 내치지 않는 게 어디인가
아랫목 차지도 황송하다
운이 좋으면 처마 밑에 매달려 그네를 타기도 한다

주름살 사이사이에 꽃을 피운다
간지러워도 숨 막혀도 참는다
꽃의 색깔은 내 소관이 아니다
족보상으로는 수백 종류라는 말을 들었다

흰색이든 푸른색이든 곱게 피워내면 탈출이다
참고 사니 이런 환대를 받는 날도 있구나 환하게 웃는다

## 개복숭아가 도착했다

스님의 머리카락을 옮겼는지
쌀가루 뒤집어쓴 하얀 털 가득한 몸에

꼭대기에 앉아 기다리다가
되돌아가는 말수 줄은 바람을 찾아
마을로 내려오신 부처님

발이 잘려 구르다가 멈춘 곳이 안방이다

기다리던 스님 합장하고,
상을 차리고, 복수초 피운다

아침저녁으로 흰 밥 지어 올리고
불경을 읊조리니 얼굴에 나타나는 인자한 미소

신도들의 구름떼같은 발길에 흥분된 가슴 누르고
텅 빈 불전함을 한숨으로 채우는 주지 스님

소문난 잔치 먹을 것이 없다

개복숭아는 설탕을 뒤집어쓰고
인신 공양에 든다
향기가 목탁 소리 따라서 온 마을에 퍼진다

## 위험한 선물

느닷없이 받은 두 마리 토끼
발 달린 것 들은 겁부터 난다

아찔하게 쫑긋한 두 귀와
투명한 빛 알갱이마저 헤아릴 듯 빨간 눈
내게 와 준 안부에 오싹한 충만감을 뒤로하고
두려움도 겁도 지워 주고 싶어 오그라드는 손

눈 깜박이는 소리에 구석을 찾을 때
거북이와 경주시킬 일 없다고 다독인다

밥이 조금만 질어도 숟가락 던지고
편식으로 까다로운 입맛에 진땀 흘리며
까치발로 다가가 소곤소곤 말을 건다
대답하려는데 설단 현상이 온 듯 오물거리는 입술과
초침처럼 벌름대는 콧망울은 물론
여의주를 닮은 배설물까지 사랑스럽다

밤중에도 내 발목을 지키려 뜬눈으로 지새우며
귀신 발소리도 귓속에 가두고

여기 있다고 꾸꾸꾹, 안심시킨다

밤길이 무섭지 않은 것은 이때부터다

## 한 남자와 삼십 년을 사는 이유


화나면 하악질을 하지 않고 술과 주먹으로 해소하고
진밥이나 물 말은 밥도 불평 없이 먹는다
목울대가 간지러우면 갸르릉 대지 않고 에스프레소를 마신다

수위가 차오르면 생니 앓는 소리 없이 커피를 내리고 장미꽃을 피운다
가족들은 덩달아 꽃이 된다
고양이도 고등어 통째로 물고 마루 밑으로

남의 집 헛간에 피부색이 다른 꽃을 피우지 않고
헤지면 손톱을 감추고 이불 속으로 든다

침 발라 눈곱을 떼느니 깨벗고 물바가지 뒤집어쓰고
봄볕에 나앉아 스트레칭 대신 연기를 쭈욱 내뿜는다

윗자리는 언제 무너질지 모르는 살얼음이라
탐내지 않고 젖은 낙엽으로 발 뻗고 살기로 한다
잠꼬대로 내뱉는 속 편하게 제일이지
문지방을 넘는다

## 볼 빨간 갱년기
- 구수영에게


배짱만큼 불어난 살집을 폭넓은 치마 속에 밀어 넣고

덤으로 받은 전문가의 손길에
상처의 흔적은 유리알로 거듭나고
기운 다 한 눈꼬리는 속눈썹 기둥으로 세운다

주눅 코는 오뚝하게 착시로
너무 예쁘면 결례라는 너스레에 입꼬리는 귀밑으로
인자함을 가장한 미소로 바뀌고

여우 장갑 속에 웃고 있는 더께 진 두 손
화촉을 밝히며 누가 볼까 파르르 떨리는 촛불

엄마가 신부 같다는 인사말에 볼이 빨개지고
에미 마음 헤아려 잘 살기를 빌고 또 비는
비손 한 쌍

장갑 벗어 하늘 높이 던지는 축포에
환하게 피어나는 가을 햇살
아름다운 날에 추신하다

## 특별한 고객

동강할미도 아닌데 비탈에 터를 잡았다
까페까지 들어와 어리둥절하더니
메뉴판을 찾느라 고개 쳐들고 두리번대는데

으악, 나도 모르게 터져 나온 비명에
놀란 쟁반이 엎어지고
털을 세우는 송충이, 제가 더 놀란 듯 움츠러든다
냄새가 좋다고 예까지 따라오다니
낯선 어깨에 함부로 자신을 맡기다니

모르는 곳에 가지 말고 곧장 오라는 엄마 말씀을
어기던 나를 보는 듯한데

온 김에 커피나 한잔하자고 권하기라도 한 듯
테이블로 뛰어 내릴 태세다
지른 비명 더 크게 지른다

세우는 것들은 막무가내다

## 첫눈

먼지 뒤집어쓴 리코더를 부니
아래 도 음정에서 쇳소리가 난다
오래된 연인인 듯 권태를 털고
손가락마다 힘을 가늠하고 숨소리를 조절한다

주머니 속에 손을 넣고 다니는 이유를 알겠다
내놓을 수 없는 허물을 만지작거리는 것이다
주머니에 가두고 수시로 갈고 닦아
자기만의 고운 소리를 남모르게 꺼내본다

음정을 하나씩 쏘아 올리면
하늘 가득 날아오르는 오케스트라

하나씩 날린 나비, 첫눈으로 돌아온다

내 지문 묻은 나비를 잡으려 손바닥 열어보고
혀를 길게 내밀어 본다
녹아버릴 것을 알면서도
기꺼이 내려앉는 나비 떼
입안 가득 터지는 박하 향에 눈꺼풀이 감긴다

## 주석 편자

편자가 밟고 선 납작한 풍경

들판을 지나는 바람 소리 쪽으로
길게 눕는 오리나무 그림자

날이 저물어도 서서 잠드는 고단한 안부

해와 달을 바꿔 걸며 걷는 것밖에 모르다가
언덕 앞에서 뒤꿈치에 힘을 주며 겨우 내뱉는 투레질

마지막 호흡을 쉬고서야
맨발로 눕는다

덧신이 꼭 필요할까

볼 좁은 구두에 갇혀
물집 잡힌 내 발을 내려다보며
다리 펴고 주무르고 싶어도

얽어매는 낡은 시간

스치는 바람이 시리다

## 여기가 정상이라고 우겨도 되겠습니까

세상이 발아래에 엎드리고
계곡물도 오르기를 포기한 채 되돌아가는 곳
날개 작은 새들은 중간에서 돌아간다는 소문 분분하여
머리가 하늘에 닿을까 봐 꽃들은 키를 낮추는데

산문이 수천 년 역사처럼 멀기만 하고
턱 턱 숨 막혀 주저앉히는 여기

정상석도 없지 않느냐 묻는다면
태백산 정상석 밟고 온 높새바람을 증인으로 내세우겠지만
손에 잡을 수 없으니 목만 타고

길섶에 주저앉아 가슴 속 물병 찾아
벌컥벌컥 들이킨다
허공에 수를 놓던 바람이 이마를 쓸어 주는 물길을 따라
흐른다

여기가 정상이라고 우겨도 되겠습니까

# 늪

개취, 문상, 서이추
개인 취향, 문화 상품권, 서로 이웃 추가,
신한글 창제는 백번째 원숭이가 되고
손안에 현금을 쥐고도 내 것이 못되더니

별다줄에 묶여 꼼짝 못 하다가
별을 다 줄게, 로 오독하고
뛰는 가슴으로 방문을 두드린다

'별 걸 다 줄여'라는 문틈으로 새어 나오는 소리

말을 배울 엄마도 보이지 않은 지 오래되었는데
아득함만 출렁이는 늪에 빠져
헤어 나오지 못한다

줄이고 줄이다 목숨 줄도 줄일 세상에 대고
'생쥐 볼가심할 것도 없는 것들' 오래도록 쓰던
옛말을 툭, 던진다

## 송화 소금 오신다

내 친구 일근이는 소금쟁이다
바닷물을 햇빛과 바람으로 끓이고 졸여 금가루를 꺼낸다

염도를 땀으로 맞추는지
창문을 기어 내려가는 빗방울처럼
검센 팔뚝에 흐르는 땀

세상이 온통 송화로 보이는 어지럼증이 일고
바람 잦아들고, 햇볕조차 서늘한데

쉬지 않고 속눈썹을 깜박거리는 별을 바라볼 때

황금빛으로, 송화 소금 오신다

송홧가루를 뒤집어쓰고 잠든 일근이 팔뚝에
노란 별빛이 흐른다
일근이가 환하다

## 붉나무의 주소

마을에서 가장 높은 자각산에서 출발한 솔개가
떼쓰는 아이처럼 바다 한가운데 매달려 있는 솜섬으로 간다
솜섬에는 솔개도 살고, 바람도 살고, 할머니 어르는 소리도 산다
숨도 차고 어깨도 아프고 잠깐 쉬어 가려 내려앉은
오지리 489번지

강아지 시린 코를 굴뚝에 비비고
어리세줄나비 무동 태우는 황소가
어머니 허리띠 같은 입김으로 길을 낼 때
붉은 옷 입은 나를 내 새끼, 내 강아지라 부르는
할머니 목소리를 엿들은 수탉이 쪼아
선혈 낭자한 머리를 감싸던 그날처럼 솔개는
나를 물고 가려 빙빙 돌며 때를 노리고
밥 먹으라는 어머니의 목소리
마을 사람들은 '소리개*재'라 부르기로 손가락을 건다


* 소리개는 솔개의 충청도 사투리

위험한 선물

김효운 시집
Poems by Kim Hyo Woon

## 3부
### 피보다 붉은 오후

## 로드 인문학


재래시장 길바닥이 점포인 여자
고무줄 바지 같은 외모에 정월 초하루 미소로
손때 자국 반질반질 한 바지 옆구리를 출석 거리며

앉을 자리와 다리 뻗을 자리는 물론 가라앉을 깊이도 곁들여
설명하는 배추 모종 이식법

계절이 지났으니 시루 속 콩나물처럼 뵈게 심으라는 말에
갸우뚱하는데

시간이 넉넉하지 않으니 종종걸음으로 심으란다
멀찍이 심으면 뿌리 뻗느라 배추가 자라지 못한다는 말에
고개를 끄덕인다

상대에 따라 다른 틈과 거리
다섯 마디 이상 나누는 대화의 끝은 싸움을 부르고
멀찍이 떨어진 방으로 들어가며 끝난다
늘 화근인 간격 앞에 눈을 부라린다

다시 읽는 로드 인문학으로 밤을 새운다

## 목소리를 주세요

숫눈에 찍힌 가지런한 발자국 끝에 서 있는 눈사람
눈 코 입이 돌아가는 것도 모르고
살아온 날과 살아갈 날들을 뭉쳐 몸에 새겼다

한 곳을 바라보는 집중력
회화나무 뒤에 숨은 아침의 꼬리를 보고
살려달라 아우성치려 해도
제 살비듬만 우수수 떨어진다

팔자도망은 못한다는 옛말에
철푸덕 주저앉는다

이런 세상이 있었다니 눈이 솔방울처럼 동그라지고
두 다리 뻗고 떼를 쓴다

목소리를 주세요, 목소리를 주세요, 말해야 하는데
눈만 끔벅댄다
누울 자리를 보고 다리를 뻗으라는 말을 잊다니 진저리에
마저 쏟아지는 살비듬

떨어진 자리에 묘비명을 새기고 휘파람을 얹으면
행군하는 병정처럼 잠깐 뒤뚱댄다

걷고 뛰고 나는 것에도 순서가 있다니
나는 호모 사피엔스가 아니다

## 목련 나무 아래 묻어둔 기다림

사월이 오고

노란 리본을 맨 채
새를 기다린다

노래하는 새를 기다리는 눈물이라는 기도

햇빛이 반짝이는 동안
우리의 죄에 대해 용서를 구하고, 구하면서

기도하는 새를 기다린다
꿈꾸는 노래는 멀고
잠 못 드는 밤은 발이 시리다
너는 언제 오려는지 가슴속에 박히고
나 혼자 여기 두고 어느 파도 속을 헤매는지
어른들 말씀 잘 들으라 했던 말을 거둔다

사월이 가고 적막도 길어지는 숲속,
기도를 하고
꽃피지 않는 목련을 생각한다

나는 산다, 살아 내겠다
너를 잊지 않으려고
너를 사랑하려고

## 머리를 하다

초록을 보낸 앙상한 아까시나무처럼
물기가 다 빠져
함께 쓴 우산처럼 기울더니
끝내 거미줄 무늬로 금이 가고
간밤 태풍에 반쪽이 날아갔다

아침마다 위태롭다고 깍깍대던 까치는
일찌감치 숲으로 달아나고
지붕 위엔 새 이와 바꿔 달라고 던진 젖니가
갈라진 금만큼 수두룩하다

기와 모양으로 위장한 양철판 얹으니
동네 사람들 볼 때마다 감탄하고

새로 얹은 지붕에 돌아온 까치
물고 간 젖니를 낮달로 걸어 두었다

## 귀를 팝니다

까마귀 울음이 집 근처에 잦아지고부터
밤도 헐값에 팔렸다

탁한 울음소리와 충혈된 눈의 틈새는
긴장이 팽팽해지고

저놈의 귀를 지붕 위에서 떼어 놓는다면
내 밤도 지붕에 올라 평온해지겠다
별이 돋는 쪽으로 귀를 열어 둘까

두 눈을 감고 잠드는 버릇부터 허점이다
돌고래처럼 단일반구수면\*을 해야 한다
총이나 활을 쏠 때처럼
한쪽 눈만 감는 게 유리하다

능선을 넘어오고 있는 푸른 하늘
뒤따라 오는 햇살이 눈동자를 찌른다

---

\* 한쪽은 아주 깊이 잠이 든 상태인 데 반해 다른 한쪽은 완전히 깨어 있는 상태.

## 잉태의 계절

3월의 입술을 깨무는 물푸레나무 우듬지에서
목에 걸린 계절을 게워 내려는 노랑턱멧새가
꿈속에 삼킨 달그림자를 달그락거린다

몸부림칠수록 파고드는 가난처럼 깊이 박혀
게워 내려 해도 꿈속에 삼킨 그림자만 나오고

분명 보름달을 삼켰는데 초승달 갈고리 모양으로
온몸을 유영하는지 여기저기 환한 통증이다

바람이 등짝을 더듬는 깊은 밤
나뭇가지에 걸린 그림자는 어머니
앞섶에 붙은 밥풀처럼 웃는다
둥글게 휘어진 잇몸에 달빛 향이 묻었다

달빛을 껴입은 나무들이 잠을 깨는 중이다

## 명자꽃의 외출

언제 이렇게 많은 눈길이 다녀갔던가

벙글어져서 청춘인 줄 알았다
꽃잎 끝이 시들해도 환해질 날을 믿으며
반짝이는 날들이 있을 거라 달래며
아침저녁으로 물을 주고 말을 걸었다
방긋 웃을 땐 금방 필 듯했다

손과 발을 제 속으로 갈마들인 달처럼
동그랗게 말린 몸을 침묵 속에 가두고

번개가 안 보이고 천둥도 안 들리는 날들을
맑은 날이라 우기며 뒤돌아섰다

툭, 명자꽃 떨어지는 소리에
가슴이 무너졌다

## 메타버스 탑승기

 시내버스도 못 타는데 메타버스라니 마블 영화 속 민달팽이로 질질 끌며 올라탄다
 벽에 부닥쳐 자빠지고, 넘어지고 세 번째 퀴즈 나무 뒤 카페 분수 앞에 앉아 테이크아웃 커피를 마신다
 카톡 음과 음악 소리를 구분 못한 채

 문학의 신세계다
 너를 읽다 만나는 내 모습에 또 한 번 흔들린다
 지워지지 않으려 기를 쓰는 모래톱 발자국 되어
 화면 속을 떠돈다
 들어간 문이 지워져 돌아 나오지 못하고
 문고리 찾아 더듬거린다 간신히 빠져 나와 한숨 내쉬며 발밑을 본다

 나는 호모 사피엔스다

## 토렴 바다 탄생설

송곳 하나쯤 꽂을 땅에 이름을 새기겠다고
가슴에 구멍을 내고 검붉은 혈서를 쓰다가

바다 한 귀퉁이로 주소를 옮기기로 한다
제방을 쌓아 소문을 가두고
지느러미는 넓은 세상 쪽으로 방생한다

짜디짠 시절을 맹물로 토렴한다

모래알만큼 헹구고 닦아 꼭 짜내고, 꼭 짜내어
토렴한 시작을 꺼낸다

오지리 489번지라고 쓰인 논 서 마지기를 흔드는데
환한 얼굴로 바라보는 바닷물
내려다보며 앞섶을 여미고 안심한 듯 달아나는 하늘

한껏 푸르다

## 룸메이트


한 봉다리에 담아 온 양파와 두부
두부는 전신에 상처를 입고 인사불성이다

수십 년을 한 이불 덮고도 잠자는 시간조차 맞추지 못한다는 선배
두부찌개 끓일 때마다 넘치고 탄다는데

털끝도 안 건드렸다는 맨손을 치켜든 양파
두부는 뭉그러져 숨을 몰아쉰다

둥글둥글한 외양에 동거를 결심했다는데
살수록, 볼수록, 맵고 냄새나고 사나워
눈물 쏙 빼게 한다는데

둥근 것들의 내막은 우물 속보다 깊고 음흉하다고
습하고 통풍도 안 된다는 덧말

양파는 양파끼리 두고 두부는 두부끼리 둔다
너무 다른 것은 틀린 것일 수 있다

부대껴 뭉그러지는 건 늘 무른 것만은 아니다

## 여치는 비건이 아니다

풀잎의 이슬이나 혀끝으로 맛보고 사는 줄 알았다

바랭이 풀 끝에서 노래나 부르기에 비건으로 여겼다
자잘한 입이 무서워 벌벌 떨고 문단속을 하며 건성으로 지나쳤다

풀 섶에서 피를 봤다는 하소연도 귓등으로 듣고
다른 구실을 찾기 바빴다

주둥이를 조개처럼 벌려 봐도 어금니는 보이지 않고
아무리 염치없기로 식구나 다름없는 종족을 잡아먹을까

사람이 사람고기를 먹는 카니발니즘도 있다는데
여치를 나무랄 수도 없고

잡초를 뽑으러 나가며 겹겹이 장갑을 낀다
여치에 물렸다는 소리를 누가 엿들었을까 손을 감춘다

## 도심에 혼자 살고 대놓고 울어요


하늘 한 귀퉁이 후벼 파며
불에 덴 듯 자지러지는 참매미

우는 아기에게 젖 줄 생각은 않고 시끄럽다는 민원이 불난 다는데

서둘러 짝을 찾고 합궁해야 돌아갈 텐데
같이 울던 미루나무 이파리는 배를 뒤집으며 깔깔대고

아무리 살펴봐도 제 편이라곤 없어
하안거에 든다

말 없는 장인이 순결한 활자를 정성껏 엮은
복각본을 딱 한 권 미루나무에 걸어 두기로 한다

누구나 찰나를 위해 일생을 산다

유고시집 한 권도 못 다 쓴 참매미

여름은 이미 품절이다

## 물수제비 뜨는 오후

내가 던진 납작 돌에 잠자던 강물이 놀라는 소리
강둑의 삐비풀 화르륵 깨어난다

노련한 요리사처럼 살점만 얇게 저며야 하는데
몇 발짝 못 나가고 고꾸라진다
벼리지 않아 둔하고 무거운 칼이다

물결 잠잠해지기를 기다리며
물지도 위에 번지는 시간을 가늠하면서
물속 세상이 궁금하지만 돌은 소식이 없고

잔물결 가라앉고 다시 힘을 다한다
불운을 차 버리고 날아가는 물고기 한 마리
펄떡펄떡 꼬리 흔들며
강 건너에 닿는다

힘이 세다는 건 무겁다는 것이다

## 즐거운 잔소리


아침이 올 것 같지 않은 몸
생각보다 멀쩡하다

서둘러 달려온 거친 숨소리가 푸르르 주저앉는다
끙끙, 죽은 듯 자는 건 새삼스러울 것도 없는데
이른 귀가가 억울한지 갑자기 귓속으로 들이치는 낯익은
소나기

한 두 번도 아닌 재촉 하는 소리에
독기를 품은 말 내뱉으려는데
파란만장한 거실을 지나자
현관에 놓인 돌려놓은 신발 두 짝이 이마를 맞댄 모습에

이 빠진 칼로 물을 벤다

## 나비질*의 풍경

여름내 흘린 땀으로 배를 띄우듯 남실남실 까부르면

껍데기는 바람 따라 날아가고
가슴에 박힌 뉘도 잡넘도 빼 버리고
오롯이 남은 금싸라기 햇살
먼저 살다간 얼굴 모르는 피붙이 몫으로
가슴에 넣어 둔다

바다도 한 번씩 뒤집어 갈아엎듯
답답한 살이 엎어버리고 싶은 마음 누르고
다시 논바닥으로 나가는 바쁜 발걸음

바람이 구름을 까불러 목화솜으로 부풀리듯
채워도 채워도 허기진 뱃구레도 부풀리고 싶은

허수아비도 이삭을 줍는다


* 곡식에 섞인 쭉정이나 검부러기, 먼지 따위를 날리기 위해 나비가 날개를
  치듯 키를 부쳐 바람을 일으키는 일

# 잠깐 사이

해지는 풍경을 보러 갔다

해는 중천이고 허기가 밀물보다 빠르게 들이닥친다
받아 놓은 술잔도 못 비웠는데
갈매기도 아직 저기 있는데
빛은 사위어 해만 잠수하면 되는데
한잔하고 돌아오니
그 사이 감쪽같이 가라앉았다

바다는 시치미 떼고 입술을 닦지만
채 훔치지 못한 버얼건 혓바닥

윽박지른다고 게워낼 것도 아니고
내일 다시 오자고 중얼거리는데
반짝 눈에 든 갯메꽃 줄기
못 본 척 저물듯 돌아온다

왜 지는 것들은 막장에 서두르는가
늘 이르거나 늦거나

## 관촉사 윤장대*

까막눈이시다
물집 잡힌 발가락이 꿈 밖에 나와서도 쓰라린데

문자를 빌리지 않고는 한 발짝도 올 수 없는 불경 책
수억 년 돌아 품에 안기고
품고만 있어도 위안이 되는지
갓난아기처럼 끌어안고 사신다

내 이름 석 자도 어디에 있을 듯하여
마지막 숨을 쉴 때까지 끌어안고
꿈속에서도 윤장대를 돌리시는지
같은 말만 되풀이 하신다

내 이름을 부르며 밤새 윤장대를 돌린다

지금도 없는 엄마가 자꾸 나를 끌어안으신다


* 글자를 모르거나 불경을 읽을 시간이 없는 신도들을 위해 만들어진 불구佛具로 돌릴 때마다 읽는 것과 같은 공덕을 쌓을 수 있다.

## 더는 참을 수 없는

아르헨티나 팜파 지역은 이상 기온으로
딱정벌레들이 길을 뒤덮고
폭염과 폭우가 지구의 작은 마을을
견디기 어렵게 만든다는데

반대편의 당신과 나는
달콤한 잠에 빠져 붉어져 있다

여기까지 뚫고 들어와
우리 사이에 드러눕자

온 세상 불을 끄고 견딜 수 있을 때까지 견디어 본다

보다 못한 길마가지나무
겨드랑이마다 꽃등을 걸었다
무드등 같은 등피가 콩 커플 씌운 듯
한결 매혹적인 사랑

들끓는 세상을 어르고 다독일 방법을 궁리하느라
뜬눈으로 밤을 지새는 보름달 더욱 환하다

위험한 선물

김효운 시집
Poems by Kim Hyo Woon

# 4부
## 백 년 후에 쓰는 반성문

## 다락방을 키우는 사내
- 오빠에게

때려야 정신이 드는 라디오를 끌어안고
손때 묻은 단어를 다람쥐마냥 다락방으로 옮겨
별빛에 닦는다
하늘이 가까워 견딜 만하다

모으고 모아 밤하늘 닻별처럼 반짝이는 날개를 꿈꾸며

꽃잎에 쓰고, 소나기에 적고, 낙엽에 쓴 단어를 차곡차곡
쟁여 놓는다
달을 보고 짖는 개처럼 쓸쓸하다

벽에 매달리는 날이 늘어가고
먼 대학의 교문 열쇠로 우화등선한다

다락방을 바벨탑처럼 주저앉힌다
폐허 위에 들어선 싱크대가 환하고
연탄에서 해방된 집게는 브이자로 눕는다
구름 한 점 없는 하늘이다

## 여행에 대한 예의

속옷부터 한 벌 사고
미용실로 달려간다

천지에 사는 물고기들 머릿속에 가두고
여행 가방도, 먼저 나서는 설렘도, 한꺼번에 가방 속에 욱여넣고

빛바랜 청바지에 목 늘어난 티셔츠를 권하는 손길을 외면하고

언제 들이닥칠지 모르는 카메라를 생각하며
한껏 멋을 낸다
흡족한 준비에 마음은 애드벌룬을 타고

날짜 지난 여권에 터져 나오는 한숨
잘 다녀오라 손을 흔들며
너희들끼리 잘살아 봐라
나는 돌아가지 않고 곧장 가겠다 주먹을 쥔다

마음은 어느새 천지를 정복하고 신들의 봉우리라는
에베레스트로 달린다

## 먹다 남은 사과가 잘 팔린다

한입 베어 문 사과를 손아귀에
움켜쥐고 다니는 남자

세상 한가운데 서서 당당하다

소문 듣고 달려온 온갖 사과들
팔 걷어붙이고 덤벼들어도
고개 빳빳이 들고 미동도 없다

지나는 발들이 참지 못하고
얼굴에 신발짝을 던져도 성내지 않고
흙바람이 몸을 휘감아도 눈 하나 깜짝 않고
햇살 머금은 바람이 다가와 손을 내밀어도
고개를 돌리며 싱긋 웃는다

허공을 타고 울리는 소리
혼자 있고 싶으니 말 걸지 말라고
지금 전쟁터의 아마조네스라고

전리품처럼 쥐고 있는
손아귀 속 사과를 비추는 햇살
그럼에도 불구하고 차디차다

## 아포토시스*적 사랑

가을 태풍에 군데군데 엎어진 벼가 영그는 중이다
일어나려 기를 쓰는 모습이 아버지를 닮았다

깻순을 잘라내며 마늘종을 뽑으며 실한 열매를 기다리듯

늘 나는 괜찮다고 하시니 괜찮으신 줄 알았는데

쓰러지신 후에 알았다
괜찮다고 괜찮은 것이 아니라는 것을

내가 쓰러질 때마다 일으켜 세우시던 아버지
해찰하듯 바라만 본다

몸 바쳐 뛰어들지 못한다

죽은 후에도 나중까지 열려 있다는 귀에 대고
아버지, 제가 잘못 했습니다
참회록을 쓰듯 흐느낀다

노을도 한참 먼 시간에 있다


\* 건강한 생명을 유지하기 위해 일부 세포가 스스로 죽는 현상

## 가창오리떼의 라라랜드

브이 라인이 대세임을 알고 군무를 추는 가창오리떼
고비사막을 넘고, 오호츠크해를 건너
가늠할 수 없는 먼 하늘을 지나 내게로 왔다
수십만이 파도에 휩쓸리는 몽돌마냥 쏴아, 바다를 가른다
부상자도 사상자도 없다

기꺼이 손을 잡고 해지는 풍경을 함께 보며
오호츠크해 바람 소리를
한꺼번에 내뱉는 소리를 듣는다
귀를 막지 않고
꽃피는 소리로 들으니
내 어깻죽지가 간질거리고
엎드려 사는 것에 길들여진 바닥을 후회한다

맞지 않는 남자와 수십 년을 날다 보니
시베리아 바람 냄새가 달큰하다고 접은 날개를 꽃잎처럼 펼친다
돋아나는 날개 위로 스치는 바람 훈훈하다

## 내 생에 꼭 한 번

나미브 사막의 노을을 보고 싶다
은둔자처럼 오래 앉아있고도 싶다

사구의 눈 시린 풍경과
숨 막히도록 겹쳐진 구릉에서
잡힐 것 하나 없는 멈춤의 시간 앞에
모래의 울음을 듣는다는 것은
문명이나 역사도 헛된 기억을 더듬는 것이다

말 붙이는 바람에게 검지 손가락을 세워 입을 막고

허공을 스치는 유성은 더 찬란할 것이고
낙타풀 사이를 지나는 바람은
더 푸를 테니
거기, 나미브 사막에 숨어드는 은둔의 날은
생의 한 귀퉁이가 참 맑아지겠다

흐릿한 시야의 안경을 닦는다

## 신두리 사구에서

모래는 모래대로 해당화는 해당화대로 반짝이는
모래가 바다를 달리는 속도는 꽃잎이 떨어지는 시간을 닮았다
이리저리 휩쓸려 키를 낮추고
태양의 눈에서 태어난 발자국은
하늘의 가장 빛나는 순간을 담고 있다

모래의 세상은 불면을 이긴다

모래가 없었다면 깊은 지문도 없었을 것이다
지문의 결을 따라가다 보면 바람이 기지개를 켜고
출발을 준비하는 새벽바람의 손아귀를 모래는 기억하지 않는다
모르는 사람을 만나 모르는 약속을 하고 서로를 믿지 않기로 한다

너무 멀리 왔다
돌아갈 길이 명왕성을 따라갔다
비밀을 잘 지켜줄 거라고 지도까지 주다니

황사 바람 속에서 더듬더듬 발을 옮긴다
저만큼에서 갯메꽃 저 혼자 흔들린다

## 국지성 벚꽃

모퉁이를 돌 때마다 나타났다가 사라지는 벚꽃잎
환영幻迎인가 꿈인가 눈 비비며 유리창을 닦는다
햇살은 편애도 차별도 없을 텐데 궁구하다가

한 뱃속에서 나왔어도 각양각색인 형제들을 떠 올린다
겨우 실눈 뜬 벚꽃 가지는
잘못 찾아온 계절, 막냇동생이다
어머니 햇살은 오이디푸스 콤플렉스 완결판이지만

자주 넘어지고 엎어질 때마다 손을 내밀면
숙명으로 잡아준다

해마다 피는 벚꽃, 해마다 손 내미는 계절
지쳐 떨어진 꽃잎 앞에서 울지도 못하고
계절은 후회와 자책을 조의금으로 내민다
진 꽃은 말이 없고 흰 손으로 가만히 계절의 머리를 쓰다듬는다

피는 물보다 진하다

## 영정사진 라라라


아이가 처음 엄마를 부를 때처럼 환한 얼굴로
마지막 파티에 초대받은 지인들이 탄성이 폭죽처럼 터지게
속눈썹에 달린 물방울은 털어 내고
입꼬리는 귀에 매달아 두고
어둠은 렌즈 밖으로 밀어내고
기쁨과 즐거움만 알고 산 듯 화장으로 지운 주름살
바람으로 세워둔 콧날이 보이지 않게 정면으로
개울가에서 만나던 흰뺨검둥오리처럼 밝은
볼 터치가 잘 보이는 각도를 찾아서
드레스 코드는 밝고 환한 나무 이파리 색으로

사진 찍으러 간다
운동화가 천근이다

## 자린고비의 전생

살점 하나 흘리지 말라는 생태학을 듣는다
맛을 결정하는 건 올라탄 파도의 몫이다
먼바다의 격랑은 단단한 육질을 보장하고

굴비를 먹다 뒤집으면 배가 엎어진다는 옛말

살살, 살을 발라 먹다 뼈가 드러나고
끌어당겨 숨은 살점을 발굴하는데

어선 전복사고 뉴스에
소스라치는 소리가 비늘로 버석이고
굴비는 돌아눕는다

손가락에 남아 있는 꼬리의 감촉을 물끄러미 바라본다
발버둥 치다 생긴 상처가 파도로 출렁인다

## 개기일식


오랜 기다림 끝에 간신히 만났다

너에게 닿으려고
광활한 우주를 떠돌다가
오롯이 품에 안기면
뜨겁던 열정도 숯으로 변하고
짧은 순간 떨리며 포개지는 입술

스치듯 지나간
우주의 그림자 앞에
떨리는 심장
오랜 기다림 끝에
이제 몇 달을 더 기다려야
다시 만날 수 있을까

문신처럼 새겨진 어머니 금가락지
자물쇠 헐거워 탈출하고
의심과 반목으로 줄 끊어진 염주로 흩어지는 형제들
제각각 가슴속에 새긴다
몇 달 후 돌아올 당신이 알아보기 쉬우라고

## 달빛의 본가입납 本家入納


그곳 단풍나무도 이미 붉었겠지요
나를 받아적던 문지방도 여전히 닳고 있는지요

마중물에 쓰던 바가지 박살 내던 날
펌프 머리통도 어머니의 전전긍긍도 외면하고
회초리 무서워 대나무밭에 숨길 때
눈감아 주신 거 압니다

눈이 마주쳤다는 게 살인의 이유가 된다는데
오랜 시간 받아주심도

우물에 빠져 고요하실 때 두레박 던진 점 사과드립니다
더욱 창백해진 모습에 저도 출렁였습니다

살얼음 잡히기 전 또 편지할게요

## 매화헐떡이풀

점점 다급해지는 시침
협곡을 빠져나가는 바람 소리 나더니
냉장고 냉각기 돌리고
컥, 컥, 가시 걸린 듯 숨통이 막힌다

가장 아름다웠던 시절 손금을 펼치니 동구 밖까지 줄 서던
중매쟁이들

숨 가쁘게 달려온 끄트머리

솜털 뽀송한 손이
너겁된 손등을 주무르며 자서전을 더듬을 때
꽃의 향기로 덮어씌워도 돌아오지 않는 그 날

오는 것도 가는 것도 윤달은 문턱이 없다며
먼 길 떠나는 할머니

흘리는 미소가 꽃처럼 벙글어진다

## 간출어

방향이 아니라 수위다

다섯 개 여섯 개 꼭 집어 말하지 않고
대여섯 개라 해서 당황시키더니
오도 육도 아닌 오륙도라니

보기엔 분명 한 손 채울 숫자다

갈매기 불러 모아 삼킨 섬을 게워 내라고
하나 더 감춘 거 알고 있다고
해가를 베껴 노래를 부르며 발을 구른다

조르면 내어 주시던 어머니처럼
툭, 뱉어 내는 바위 섬

륙도를 이루고

저녁 해가 산고의 자국을 밝히려
섬 주변에 펼쳐 놓은 붉은 탯줄

숨 가쁜 바다도 한숨 돌리고

주술의 힘을 믿으며
아브라카다브라 혼자 되뇌인다

## 손톱의 웃음소리

.

아들의 손톱을 깎는다

또르르 또르르 떨어지는 손톱
마른 잎 뗀 자리에
깎아 내는 손톱만큼 쑥쑥 자랄 아들의 키

틈새와 상처를 입김으로 채워 주셨던 할머니
흰 천 안에 들어 있던 손이
툭!, 밖으로 떨어지던 죽음

손, 손, 손, 그리고 수백 번도 넘게 자르던 손톱
두께는 삶의 응어리와 같이 자라는지
구순 할머니의 손톱은 나날이 힘이 세진다
잘려나간 손톱만큼 늘어나는 웃음들
빨간 매니큐어를 내밀자
할머니도 손톱도 할할할 웃던

내일 잘라 드리겠다던 지키지 못한 약속
절대자가 만든 견고한 경계 안쪽은

색깔도 질감도 투명한 연질이고
손톱도 청아하고 말랑할 텐데

내일은 거절의 완곡어법이다

## 아까시꽃그림자에 주저앉아

살점 저며낸 생선 뼈처럼 몸은 두고
낯선 곳으로 끌려온 야자수
길바닥에 납작 엎드려
행인들 발목을 받아 내고 있다

햇살 아래서 만들던 푸른 꿈일까

무심코 걷다가 문득 멈춘다
신발도 없는 삑삑도요새의 잠을 밟을까 까치발로 걷는다

자리 떠나면 푸대접인 줄 알지만
제 자리를 지키지 못한 죄를
이리 크게 묻다니

실바람에 후르르 떨어지는 아까시 꽃잎은
날개 단 듯 사뿐한데
안절부절못하는 나를 보고 바닥을 쓸고 다독이는
노을 자락이 깊다

## 로고 라이트*

젖니같이 뽀얀 초승달 아래

거미줄에 매달린 마른 잎처럼 빙그르르 돌다가,
발등 보이지 않게 숨어 있다가,
모자에서 새를 꺼내는 마술처럼 획, 나타나고
귀신이라도 만난 듯 놀라는데

첫 경험은 두려운 거라고

늦여름 길을 잃고 헤매는 말매미 군상 속에
앞장서서 알몸으로 '안전 지킴이'라는 이름표를
흔드는 그림문자

바닥이 빙그르르 없는 회전목마를 돌리고
걸음마 연습하듯 비틀대며
내 발밑을 살핀다

나는 아직 여기, 서 있다

* 빛으로 감성을 자극하는 새로운 광고기법

## 잔점박이물범

썰물이 차갑게 뱉어 놓고 간 솜섬*

모래톱에서 등 말리는 잔점박이물범을 만났다
신라 천 년 수막새의 미소를 닮았다

그 많던 가족, 친구들 다 어디로 가고
넓은 모래톱에 혼자다
그걸 몰라서 묻느냐, 기후 변화로 살 수 없어 모두 떠났다는
대답을 짐작한다

물휴지로 손을 닦다 흠칫 놀라 뒤로 감춘다

매끄러운 허리에 구름의 발자국이 얼비치고
발톱이 닳고 몽당손 된 모습
자주 넘어지는 당신을 보는 듯한데

물결의 흐느낌과 따개비 적막이 깃든 숨결로
이쪽을 바라보던 당신도 간간이 일렁이곤 했었지

내 눈동자가 물빛을 닮아서인지

짧은 다리에 자꾸 눈이 간다
오느라 수고했다 너도나도

꼬리만 남기고 물속으로 스민 미소가
걸어온 길을 지우는 노을빛이다


* 듬배낙골 앞에 있는 목화솜 모양의 무인도, 간조시 걸어서 갈 수 있다.

(출처 : 대산읍지)

## 등에 새겨진 일기
- 하주희에게


풀 물든 종아리로 달려가는 하굣길
등짝을 두들기는 소나기

칡넝쿨로 책가방에 멜빵을 달아 준다
두 팔을 휘저으며 뛰다가
눈이 마주치면, 생쥐 꼴에 숨넘어가고

무지개 산마루에 피어나면
서로의 등짝을 내밀고 코스모스 꽃잎 도장을 찍으면
마음에 피어나는 웃음꽃

칡넝쿨은 올가미였다
사우나도 함께 가고, 통장 잔고도 훤하고
개나리꽃이 빨갛다 해도 믿는다

캄캄한 물속에 빠져 허우적거릴 때면 발을 동동 구른다
저만큼 떨어지라 해도 기어코 손을 잡는다
아홉 가지 허물도 눈감아 주고
어쭙잖은 시인도 자랑스럽다며
해님이나 달님 반열에 둔다

뒷배경이 든든하니
밤길도 시간도 무섭지 않다

위험한 선물

김효운 시집
Poems by Kim Hyo Woon

[해설]

# 몸의 시학과 시적 주체의 정위定位
― 김효운의 『위험한 선물』

**윤성희**(문학평론가)

[해설]

# 몸의 시학과 시적 주체의 정위定位
- 김효운의 『위험한 선물』

윤성희(문학평론가)

　김효운의 시집 『위험한 선물』은 몸과 감각, 삶의 자리와 관계, 그리고 주변부적 존재들을 향한 응시를 통해 삶을 사유하는 한 권의 감각 지도이다. 시인은 발화보다 침묵에, 중심보다 가장자리에, 설명보다 감응에 가까이 선다. 그리하여 시인은 감정을 감추거나 에둘러 표현함으로써 오히려 함축된 울림을 만들어낸다. 그것은 쉽게 드러나지 않는 쪽, 서서히 드러나고 오래 머무는 감정들을 향해 스며드는 시선이 포착한 성과라 할 만하다. 그의 절제된 시어는 일상의 사물들에 감정을 입히거나 체온과 호흡을 불어넣는 방식으로 감각의 입체성을 형성한다. 나아가 몸에 각인된 기억과 감정의 잔흔들, 세대를 건너 이어지는 관계의 결들, 사회적 경계에 선 존재들이 견뎌온 감각의 층위들을 차근차근 발굴해 낸다. 『위험한 선물』을 읽다 보면 몸에서 시작하여 관계로, 관계에서 다시 세계 속 존재의 자리로 확장되는 감각의 지층을 따라갈 수 있을 것이다.

## 1. 몸, 실존의 감각과 기억

몸은 존재를 담는 그릇이다. 삶의 모든 경험과 기억이 새겨지는 가장 구체적이고도 직접적인 장소이다. 존재는 몸을 통해 세계와 만나고 교류하며, 그 속에서 삶의 의미와 가치를 드러낸다. 몸은 인간이 세계를 경험하고 인식하는 최전선이며, 존재의 한계와 가능성이 교차하는 실존의 현장이다. 몸에 새겨진 상처나 변화는 단순한 신체 현상 이상으로, 기억의 흔적과 삶의 내밀한 진실을 담고 있다. 몸은 존재가 세계 속에서 겪은 사건과 감정이 층층이 퇴적된 복합적인 지층이다.

그런 점에서 시인은 몸속에 매장된 경험과 정서의 광맥을 탐사하는 광부와 같다. 그는 그 광맥을 따라 삶의 고통과 슬픔, 기쁨과 갈망을 채굴하며, 언어의 끌로 그것들을 정련한다. 그와 함께 몸속 깊숙한 지층에 묻힌 정서와 감정을 세밀하게 파헤쳐 삶의 진실과 마주하며, 그 안에서 존재의 진정한 의미를 건져 올린다. 김효운의 시편들은 바로 이 몸의 흔적을 통해 존재가 감당해온 무게와 시간의 압력을 형상화하며, 몸의 감각이라는 통로를 통해 존재의 심층을 더듬는다. 몸이라는 광맥 속에서 그는 삶의 진실과 존재의 근본적 가치를 끊임없이 발굴하며, 그 내밀한 공간에서 인간 실존의 의미를 환하게 비춘다.

    덴 적도 없는데 물집이 생겼다
    은밀한 곳, 눈에 띄지 않는 곳에 진을 친다

입덧처럼 자주 졸리고
삼차 시기를 치르는 역도선수처럼 기진맥진이다

살 속에 면도날이 떠다니는
참을 수 없는 통증에 이를 앙다문다
가려운지 간지러운지 분간 못 하고
기둥에 대고 벅벅 문지르는 등짝

꽃 진지도 한참 지났는데 갸우뚱하다가
전문가에게 묻는다

장려상도 과분한데 대상포진이라니
대상이 온몸에 진을 치다니

모든 통증의 이유를 두 가지로 압축하는 전문가
세상에 졌거나 시간에 졌거나

-「대상의 무게」 전문

"꽃 진지도 한참 지"난 갱년기의 신체 변화는 단지 생리학적 사건이 아니라, '살아남음'의 고통과 미학을 품은 변용이다. 대상大賞과 대상帶狀을 중의적으로 활용한 이 작품에서 몸은 상賞은커녕 삶의 무게를 견뎌야 하는 구체적인 조건으로 그려진다. "덴 적도 없는데 물집이 생"긴 몸은 일상의 삶에서 뜻밖에 겪는 고통과 불안을 강렬하게 환기한다. 이 고통은 삶의 피로와 압박이 몸에 직접 새겨지는 방식으로 나타난다. "삼차 시기를 치르는 역도선수처럼 기진맥진"

한 몸을 통해서 삶의 무게가 신체의 한계를 넘어서는 극한의 상태에 이르렀음을 드러내는 것이다. "세상에 졌거나 시간에 졌거나"라는 결구에 이르러서는 대상포진으로 인한 몸의 통증이 병리적 현상을 넘어 존재의 깊은 실존적 문제로 확장된다. 우리는 때로 세상의 덫에 걸려 넘어지거나 시간의 도도한 흐름을 거스르지 못하고 휩쓸린다. 그때의 감정적 상처나 사회적 아픔은 그대로 살아남은 자의 몸에 침윤되어 저장된다. 몸이 감정의 저장고이자 해석 (불)가능한 신호를 보내는 진원지라는 점에서, 통증의 원인에 대한 진단은 '전문가'에게 맡겨질 수밖에 없다. 이것이 자신의 언어를 가지 못한 몸의 실존이 부딪치는 한계이다. 몸은 스스로 발화하지 못하는 대신 통증의 방식으로 발현되는 신호를 보내게 된다. 이는 몸이 타인과의 관계에 의해서 진단되고 해석되는 존재, 타인과 더불어 이해되고 의미화되는 존재임을 말해준다. 그래서 몸은 자신의 것이지만 타인의 돌봄을 필요로 한다.

> 낯빛만 봐도 힘의 저장 창고를 짚어 낸다
> 손끝이 체온계보다 정확한 눈금으로
> 지난밤 골목을 헤매고 다녔는지
> 코끼리로 지냈는지 흰뺨검둥오리였는지 꿰뚫으시고
> 허기와 웃음을 어미마냥 알아차리시고
> 혈액의 묽기까지 훤하다
>
> 말 한마디로 불안과 공포를 봄 눈 녹듯 지워내고
> 화통한 근육에 뻥 뚫리는 목구멍

눈 아래 그림자를 보고 달거리 소식을 읽고
어지럼증을 처방해 주신다

개미 발자국과 까마귀 날개의 각도로 강수량을 측량하고
입김으로 주무르고 비틀어
네 발로 들어왔다 두 발로 나가는 사람들 즐비하다
펄펄 끓던 이마 짚어 주면
돌 던진 호수마냥 잔잔해지고
사막에 떨어져도 낙타를 돌볼 것이고
모래로 떡을 지어 바람에게 팔아서 살아 낼 것이다

무거운 머리로 화타를 만나러 간다

-「현역 화타」 전문

 몸이 발설하는 언어는 불완전한 것이어서 종종 통증과 침묵으로 존재를 증명한다. 그럴 때 몸은 외부의 해석과 타인의 시선에 의존하며 그 관계 안에서 비로소 의미화의 문을 열 수 있게 된다. 이 시에서도 타자의 손길을 통해 비로소 이해되고 돌보아지는 몸이 등장한다. 화타는 신의神醫라고 일컬어지는 전설적인 명의이다. 화자는 화타와 같은 권능을 가진 '현역 화타'를 찾아가 자신의 몸을 맡기고 해석을 구한다. 현역 화타는 눈빛과 손끝, 곧 감각과 직관을 통해 환자의 몸에 감춰진 병증과 정서를 꿰뚫고 그의 전일한 삶을 읽어내며 "불안과 공포를 봄 눈 녹듯 지워"낸다. 여기서 화타가 생의 판독자나 질병의 치료자라는 사실보다 중요한 것은 "허기와 웃음을 어미마냥 알아차리"는 감응 능력이다. 그 감응의 능력으로 "지난

밤 골목을 헤매고 다녔는지/코끼리로 지냈는지 흰뺨검둥오리였는지" 알아보고 삶의 고통과 흔적을 읽을 수 있다. 타인에 의해 위로와 돌봄을 받는다는 것은 몸이 결국 사회적 존재로서의 관계적 구조물이라는 사실과 무관하지 않다.

  그러나 실존의 무대 위에 있는 몸은 사회적 관계 속에 자신을 제대로 위치시키지 못한 채 '공중그네'를 타듯 살아야 할 때가 있다(시「페튜니아」). 그때의 몸은 취약하고 불완전하며 소외되어 있다. 「목소리를 주세요」는 불완전성이라는 몸의 실존을 극명하게 보여주는 사례가 될 것이다. 이 시의 중요한 상징으로 기능하는 '눈사람'은 자신의 목소리로 발화하지 못하는 자아, 아직 세계에 자신을 통역해 줄 목소리를 갖지 못한 몸의 은유로 읽을 수 있다. 몸의 유한성이라는 점에서 「목소리를 주세요」가 '눈사람'과 자아를 동일시한 것이라면 또 다른 시 「명자꽃의 외출」에서는 '명자꽃'과 자아가 동일시를 이룬다. 눈으로 빚어진 몸은 언젠가 녹아 사라지고, "벙글어져서 청춘인 줄 알았"던 명자꽃도 '툭'하는 소리와 함께 언젠가 떨어지게 돼 있다. 사람의 몸도 그렇게 시들어가는 유한한 존재다. 「볼 빨간 갱년기」, 「주석편자」, 「노발충관」, 「머리를 하다」 등의 시편들에도 존재의 변화와 유한성을 감각적으로 자각하는 몸의 경험이 드러나 있다. 시인은 이들 작품을 통해서 몸의 상처와 변화, 쇠락이라는, 인간이 직면한 근본적이고도 필연적인 삶의 조건을 포착하고 있는 것이다. 김효운은 이처럼 몸이 지닌 경험과 고통을 통해 삶의 한계와 실존적 진실을 시적으로 탐색하는데, 이런 작업의 결과를 나는 '몸의 시학'이라 불러도 좋겠다고 생각한다.

## 2. 가족, 생의 기원과 관계의 계보

그렇다면 몸은 어떻게 발생하는가. 몸은 가족이라는 오래된 물줄기 안에서 태동하고, 관계의 잔물결을 타고 감각을 전이 받으며, 그렇게 관계 속에 스며든다. 시집을 다시 살펴보자. 「바늘의 눈동자」에서는 아버지, 「복숭아뼈에 금이 갔다」에서는 어머니, 「페튜니아」에서는 어머니와 아버지. 「잠든 딸 아이의 손을 만지며」와 「너일 줄 알았다」에서는 딸, 「한 남자와 삼십 년을 사는 이유」에서는 남편이 각각 등장한다. 이들 시편에서 가족은 말보다 몸으로, 논리보다 감각으로 기억되고 계승된다. 그중에서도 가장 먼저 떠오르는 존재는 아버지다. 아버지는 몸의 시간과 삶의 방식, 생존의 전략을 유전하는 존재로 나타난다.

성묘하고 내려오는 길
바짓가랑이에 붙어 온
도깨비바늘의 검은 눈동자

곧추세운 바늘을 꽂아 동행을 애원하며
어딘가로 흘러들어 일가를 이루고 싶었을까

땡볕 아래 품어 온 새끼들
오죽하면 낯선 몸뚱이 빌려 퍼뜨리려 했을까
이 악문 바늘을 뜯어내며 눈시울 젖어
화분에 고이 묻어 준다

아버지도 하늘 우러러 아무것도 없는 광활한 세상에
나와 다섯 목숨 심어두고 가셨다

척박한 벌판에 던져져 살아갈 어린것들의 귓구멍에
그악스러운 바람 소리 견디며
그래도 어깨를 겯고 나아가는 동행이 희망이라고
아무도 모르게 속 깊이 묻어 주셨다
버티는 것들은 여러 목숨이 있다

-「바늘의 눈동자」 전문

    삶의 기원을 되돌아보는 성묘 길, 바짓가랑이에 들러붙은 도깨비바늘을 바라보며 화자는 거기에서 아버지의 삶을 떠올린다. 아버지의 존재는 삶의 전략과 생존의 끈기를 몸에 각인해주는 발단이자, 세계와 마주 서는 방식을 물려주는 기원이 된다. "곧추세운 바늘을 꽂아 동행을 애원하며/어딘가로 흘러들어 일가를 이루고 싶었을까"라는 상상은, 삶의 조건이 척박할수록 더욱 강하게 붙들어야 했던 생의 의지에 대한 시적 사유로 확장된다. 도깨비바늘은 들판의 야생성을 품고 있다. 땡볕 아래에서도 새끼를 품고, 낯선 몸뚱이에 붙어 번식을 꾀하는 이 식물은, 말하자면 생존에 대한 처절한 의지의 결정체다. 이 특성을 시인은 곧 아버지의 삶에 겹쳐 놓는다. "하늘 우러러 아무것도 없는 광활한 세상에/나와 다섯 목숨 심어두고 가"신 아버지는 교박磽薄한 현실 속에서도 자식이 세상에 뿌리내릴 수 있도록 묵묵히 버텨낸 생의 무게를 조용히 새기고 있다. 그런 아버지의 삶을 수긍하는 순간, 아버지와 화자는 피로 맺어진 관계를 넘어 정서적 연대의 공동체로까지 나아갈 수 있게 된다. "이

악문 바늘을 뜯어내며 눈시울 젖어/화분에 고이 묻어"주는 행위는 아버지의 삶이 도깨비바늘처럼 화자의 몸에 아예 들러붙어 이제는 내면화에 이르렀음을 말해준다.

「바늘의 눈동자」에서 아버지의 생의 의지와 전략이 도깨비바늘처럼 몸에 들러붙어 유전된다면, 「복숭아뼈에 금이 갔다」에서는 어머니의 시간이 복숭아뼈에 '금'으로 새겨져 유전된다고 볼 수 있다.

복숭아 두 개 손에 쥐고
내 몸에 심어 주시면서
복사꽃으로 살아라

불거져 굽 높은 멋 내기 구두를 단념하며 원망하다가
제 자리를 지키고 있는 것만도 고맙다

내 몸에 심어 준 복숭아 두 그루
시간의 발자국에 문드러지고 단물 빠져
실연당한 여자처럼 쭈글거리는

엄마 복숭아 두 개 잘 간직했다 가져왔어요
　　　　　　　　　　　-「복숭아뼈에 금이 갔다」 일부

이 시에서는 몸이라는 매개를 통해 어머니로부터 화자에게 이어지는 삶의 감각을 포착하고 있다. 복숭아뼈는 화자의 몸에 심어진 생물학적 유산이며, 동시에 여성으로 살아가는 삶의 이미지이기도 하다. 시의 도입부에 배치된 복숭아의 관능과 아름다움은 곧이어 복숭아뼈의 신체적 이미지로 변주되고 이내 '금이 간 복숭아뼈'로 바뀌어 삶의 균열을 드러낸다. 복숭아의 살결에서 뼈마디로, 다시 그 뼈마디의 금으로 이행하는 감각의 흐름 속에, 어머니로부터 건너온 상처와 시간도 고스란히 흘러들어 화자에게 유산으로 남는다. 어머니는 화자에게 "복숭아 두 개 손에 쥐고/내 몸에 심어 주시면서/복사꽃으로 살"기를 소망하지만, 복숭아처럼 달콤하고 곱던 삶은 어느새 "시간의 발자국에 문드러지고/단물 빠져/실연당한 여자처럼 쭈글거리는" 몸으로 변모해 있는 것이다.

그러나 화자는 그 변화를 원망하거나 부정하지 않는다. 복숭아뼈가 "제 자리를 지키고 있는 것만도 고맙다"고 여기고 거기에 스민 시간의 금마저 자신의 일부로 받아들이며, 어머니에게서 건너온 고통과 감각을 고스란히 간직하려 한다. 그것은 어머니가 살아낸 시간의 궤적을 품는 방식이며, 복사꽃처럼 살기를 바라는 어머니의 기대를 자기만의 방식으로 수용하는 응답이다. 그것은 말하자면 어머니로부터 전해지는 몸의 시간, 삶의 감각, 고통의 내면화를 인정하고 품겠다는 고백일 테다.

이렇듯 김효운의 시에서 몸은 기억을 저장하고 감각을 매개하는 장소로 작동하며, 생의 시간은 이를 통해 세대를 건너 유전된다. 그 유전의 계보 위에 놓인 존재가 「너일 줄 알았다」의 '아이'이고 「잠든 딸 아이의 손을 만지며」의 '잠든 딸 아이'이다. 이 작품들을 통해 화자는 받는 자에서 주는 자로, 기원을 이어받은 존재에서 새로운 기원을 시작하는 존재로 전환된다. 그리하여 화자는 부모로부터 전달받은 생의 감각을 또 다른 세대로 이월하며, 몸의 유산을 계승하고 확장하는 주체로 자리매김하게 되는 것이다. 나아가 화자의 어머니와 화자 사이에서 그랬듯이 "내 손금 속 길들을 물려 줬어야 한다니 답답하다"가도 "어둠을 건너는 빗소리처럼 마침내 무지개 꽃이 피기를"(「잠든 딸 아이의 손을 만지며」) 바라는 마음은 새로운 모녀 사이에서도 그대로 승계되고 확장된다. 이러한 관계의 확장은「한 남자와 삼십 년을 사는 이유」에서도 이어진다. 이 시에서 남편은 '삼십 년'이라는 시간을 아내의 리듬에 맞춰 자신을 조율해온 존재다. 그렇게 타인이었던 사람의 삶은 화자의 삶 안에 뿌리내리고, 마침내 타인으로부터 내 몸의 일부로 내면화된 존재가 된다. 이는 생물학적 유전과는 다른 정서적·관계적 유전의 형태이며, 몸은 그 계보를 그려가는 지도가 된다.

## 3. 변두리의 존재와 시적 주체의 정위

몸의 계보를 따라온 시인은 유전과 관계를 넘어, 보다 넓은 세계 속 자리로 시선을 옮기기도 한다. 시적 주체는 세계의 중심에서 밀려난 존재들을 응시하며, 가장자리로 향하는 그 시선 속에서 삶의 의미를 새로이 정위定位한다. 김효운 시의 인물과 사물 중에는 제도와 규범, 성공과 효율이라는 중심적 가치 지대에서 벗어나 있는 경우가 적지 않다. 그러므로『위험한 선물』의 시쓰기는 변두리적 속성을 지닌 존재들을 모셔다 세계 속에 재배치하고 의미를 부여하는 정중한 몸짓이라 할 수 있다. 그것은 앞서「한 남자와 삼십 년을 사는 이유」에서의 '한 남자'에 대한 화자의 태도에서도 나타나지만「실크블라우스는 입지 않는 여자」에서의 '내 친구' '그녀'에 대한 태도에서도 연민과 역지사지의 공감으로 나타난다. 명주실에 부여된 찬란한 의미를 거두고 보이지 않는 이면의 힘겨운 노동에 주목함

으로써 '실크블라우스를 입지 않는' 것으로 화자의 입장을 분명히 하는 것이다. 그것은 가령,

> 전세 유목민이라는 흉흉한 인류가 번성 중이라는데
> 초원을 떠도는 양 떼처럼
> 변두리로, 변두리로 밀려나는 군상들
>       -「새로 쓰는 귀거래사」 일부

처럼, '밀려나'고 '줄어드는' 이들에게 다가가 그들에게 새로운 생을 부여하는 방식으로 표현되기도 한다. 자발적 귀향이 아니라 쫓겨난 삶의 터전을 묘사하는 이 시에서, 시인은 낭만적 풍경의 이면, 그 속에서 삶을 부지하는 견딤의 현실을 바라본다. 그러나 겨울은 지나가고 머잖아 봄은 오게 돼 있다. 바로 그 자리에서 꽃무릇이 싹을 틔우고, 생은 다시 시작된다("겨울이 끝나간다고/꽃무릇 새싹이 재채기를 터뜨린다").

이러한 태도는 비인간적 존재들에 대해서도 동일하게 작동한다. 「여치는 비건이 아니다」에서 여치는 원래 초식동물로 알려져 있으나, 시인은 "자잘한 입이 무서워 벌벌 떨고 문단속을 하며" 살아야 했던 감각을 다시 불러낸다.

> 사람이 사람고기를 먹는 카니발니즘도 있다는데
> 여치를 나무랄 수도 없고
>
> 잡초를 뽑으러 나가며 겹겹이 장갑을 낀다
> 여치에 물렸다는 소리를 누가 엿들었을까 손을 감춘다
>       -「여치는 비건이 아니다」 일부

여치는 잡식성이며 때론 제 식구를 잡아먹는 존재다. 그러나 화자는 그것을 비난하지 않고 오히려 그 안에 감춰진 생의 전략과 윤리를 다시 들여다본다. 이는 인간 중심적 도덕관으로는 인정하기 어려운 또 다른 존재 방식을 존중하는 윤리적 시선이며, 시의 스펙트럼을 생물학적 생명 너머로 확장하는 시도이기도 하다. 도시 사람들에게 민원을 야기하는 「도심에 혼자 살고 대놓고 울어요」의 참매미에게도 화자는 다른 시선을 갖다 올린다. "누구나 찰나를 위해 일생을 산다"는 진술은 찰나에 전 생애를 걸어야 했던 존재들, 즉 화려하지 않으나 치열한 감정의 불꽃을 살다 간 생명들에게 바치는 헌사처럼 들린다.

    먼지 뒤집어쓴 리코더를 부니
    아래 도 음정에서 쇳소리가 난다
    오래된 연인인 듯 권태를 털고
    손가락마다 힘을 가늠하고 숨소리를 조절한다

    주머니 속에 손을 넣고 다니는 이유를 알겠다
    내놓을 수 없는 허물을 만지작거리는 것이다
    주머니에 가두고 수시로 갈고 닦아
    자기만의 고운 소리를 남모르게 꺼내본다

    음정을 하나씩 쏘아 올리면
    하늘 가득 날아오르는 오케스트라

    하나씩 날린 나비, 첫눈으로 돌아온다

> 내 지문 묻은 나비를 잡으려 손바닥 열어보고
> 혀를 길게 내밀어 본다
> 녹아버릴 것을 알면서도
> 기꺼이 내려앉는 나비 떼
> 입안 가득 터지는 박하 향에 눈꺼풀이 감긴다
>
> -「첫눈」 전문

이 시는 '리코더', '첫눈', '나비', '박하 향' 등 감각적이고 부드러운 이미지들이 유려하게 흐르면서 서정적인 분위기를 만들어내는 작품이다. "먼지 뒤집어쓴" 채 방치되어 있던 낡은 리코더는 잊히고 밀려난 존재의 메타포다. "권태를 털고/손가락마다 힘을 가늠하고 숨소리를 조절"함으로써 존재는 고유한 음색을 회복하고 세계에 자신을 다시 위치 지을 수 있게 된다. 이는 지워진 기억을 현재의 감각으로 되살리는 행위로써 그렇게 하여 리코더의 소리는 나비 떼로 퍼져나가고, 마침내 첫눈으로 되돌아온다. 이때의 '나비 떼'는 경쾌하게 생동하는 생명의 징후로, '첫눈'은 맑고 서늘하게 갱신된 감각으로 등장한다. 이윽고 나비 떼와 첫눈은 "입안 가득 터지는 박하 향"의 청량하고 생생한 감각의 정점에 이른 끝에 "눈꺼풀이 감"기는 정서적 충만의 극치를 맞이하게 된다. 한때 잊혔던 리코더의 소리가 첫눈의 산뜻한 감수성으로 되살아오는 과정은, 시적 주체가 자기 조율을 통해 세상과 다시 맺는 관계의 재구성을 보여준다. 그것은 타인의 언어가 아니라 자기만의 호흡으로 세계를 들이쉬고 내뱉는 감각의 시학이며, 김효운 시인의 시가 어떻게 감각을 통해 존재를 재정위하는지를 보여주는 사례라 할 수 있다.

　이처럼 김효운의 시는 중심을 말하지 않는다. 오히려 그 중심에서 소외된 작고 보잘것없는 존재들, 경계에 선 감정들, 비주류적인 것들에 주목함으로써 시적 윤리를 재편한다. 그 세계는 우연하고 불안정하며 때로 무력하지만, 시인은 그 불안정성의 윤곽을 어루만지는 데 마음을 기울인다. 결국 이 시집을 지탱하는 시적 주체는 자기 존재의 좌표를 끊임없이 교정해 나가는 사람이다. 중심에 고정되지 않고, 주어진 정체성을 따라 살아가지 않으며, 스스로에게 알맞은 자리를 다시 묻고 새기는 존재다. 시인은 자신을 실크블라우스의 광택보다 "손톱이 까매지도록 뽕잎"을 따는 손에, '호모 사피엔스'보다 솜섬의 '잔점박이물범'에 가까이 위치시키며, 감정의 중심이 아니라 감각의 변두리에서 자기 삶을 정위한다. 그 정위의 감각은 흔들리고 휘청거리며, 때로는 상처받고 지워지기도 한다. 그러나 바로 그 위치에서만 말할 수 있는 목소리, 그 자리에 서야만 보이는 풍경, 그 삶으로만 느낄 수 있는 온기가 이 시집에 있는 것이다.